JN080659

はじめに

　絵本や物語を読んでいて、お話の中に出てきたお料理が「どんな味なのだろう?」「どんなふうに作るのだろう?」と気になったことはありませんか。絵がかいてあれば予想はつくかもしれませんが、味まではわかりませんね。この『物語からうまれたおいしいレシピ』では、物語に出てくる料理を再現しました。お料理の写真を見ているだけでも、「おいしそう」「食べてみたい」とうっとりしてしまいます。いえいえ、見ているだけではもったいない。自分で作れるように作り方もしょうかいしていますので、作ってみてください。自分で作って食べれば、物語の世界も広がるかもしれません。登場人物の気持ちも、ぐっと身近に感じることができるかもしれません。

　「これ食べてみたい」と料理に興味を持った人は、どんな本に出てくる料理なのか、本のしょうかい文を読んでみてください。そして、本を手に取ってみてください。楽しくて、おいしい本に出会えるかもしれませんよ。

金澤磨樹子　東京学芸大学附属世田谷小学校 司書

　小学校では、物語と給食がコラボレーションするおはなし給食という日があります。ある日、「ぐりとぐらのカステラを食べたら絵本を久しぶりにたくさん読みたくなって図書室に行ってきたよ」と、6年生の子がそっと教えてくれました。食べることで本を読むことが楽しみになったのはなぜでしょう?　好きな食べものだったから?　おいしかったから?　お話と料理がわたしたちに思いがけないことを教えてくれます。

　学校でもおはなし給食の時間は、「食べる時間」がいつもより特別になります。食べる前に物語を知っていると、「お話のような味をしているのかな?」とワクワクする気持ちになり、物語を知らない場合には「この本読んでみたいな」という気持ちになるのです。そして、おはなし給食の日は、いつもよりたくさんの「料理のレシピを教えて!」という声がわたしのもとにとどきます。

　お話の中に出てきた料理を「食べてみたいな」から「作ってみたいな」という気持ちになることをこの本では大切にしました。そして、作った料理をだれかといっしょに食べることもおすすめします。"だれかに"作る料理、"いっしょに"食べる料理は100倍楽しいはずですよ。

今　里衣　東京学芸大学附属世田谷小学校 栄養教諭

物語からうまれた おいしいレシピ

⑤ わくわくパーティーとほっこりお弁当

[監修]

金澤磨樹子・今 里衣
（東京学芸大学附属世田谷小学校）

ポプラ社

もくじ

この本の使い方

この本では、いろいろな物語に出てくるおかしや料理を再現して、その作り方をしょうかいしています。
おうちで作りやすいように、できるだけ手に入りやすい材料で、かんたんな作り方を考えました。料理は、だれでも再現しやすいように変えたり、想像して作ったりしたものもあります。どの物語も、「物語と料理のしょうかいページ」と「作り方のページ」でできています。何がどこに書かれているか、読んでおきましょう。

物語と料理のしょうかいページ

料理の名前
この本で作る料理です。

本の題名
物語がのっている本の題名です。

子どもたちが作った
**クリスマスのタフィーと
シナモンクッキー**

どんなおはなし？
　やかまし村は、スウェーデンにある小さな村です。この村の6人の子どもたち、ラッセ、ボッセ、オッレ、リーサ、ウッレ、ブリッタ、アンナは、みんな大のなかよし。今日も元気いっぱいに、大自然の中をかけ回ります。
　そして、季節は冬。クリスマスのじゅんびが始まったやかまし村では、シナモンクッキーを焼いたり、森へクリスマスツリーの木を切りに行ったりと、子どもたちも大いそがしです。さて、今年はどんな楽しいクリスマスになるのでしょうか。

どんな料理？
　やかまし村ではシナモンクッキーを焼く日から、クリスマスが始まります。ブタの型ぬきを使ったシナモンクッキーと、キャラメルのようにあまいタフィーは、村のクリスマスに欠かせないおかしです。

**あらすじと
料理の説明**
物語のあらすじや、どんなおかしや料理なのかを説明しています。

**司書の
先生から**
　「やかまし村の子どもたち」のシリーズは、3巻あります。作者のリンドグレーンさんは、「やかまし村の子どもたち」「長くつ下のピッピ」「名探偵カッレ」のシリーズなど、世界中の人に読まれている作品をたくさん出版しています。

28

やかまし村の春夏秋冬
アストリッド・
リンドグレーン作
インゲリッド・
ヴァン・
ニイマン絵
石井登志子訳
（岩波書店）

司書の先生から
学校司書の金澤磨樹子先生が、どんなふうに物語に出てくる料理なのかや、本の楽しみ方のポイントを教えてくれます。

本のしょうかい
おかしや料理が出てくる本のじょうほうや表紙をのせています。

料理の写真
しょうかいする料理のできあがりの写真です。それぞれの物語の世界を表現したので、見ているだけでも本の場面が思い出されて、楽しくなるでしょう。

作り方のページ

◎まず作り方をひと通り読んで、どんな流れでどんな作業をするのか、知っておきましょう。あわてずに進めることができます。

◎材料と必要なものを用意しておきましょう。材料は、正確にはかることが大切です。はかり方は、下を参考にしましょう。

材料

料理に必要な材料です。分量は、次のような道具ではかります。

mL なら
計量カップではかる

g なら
はかりではかる

大さじ・小さじなら
計量スプーンではかる

「大さじ1」は、大さじ1ぱいという意味だよ

用意するもの

料理をする前に、あるかどうかかくにんしておきたいものをのせました。包丁、なべ、スプーン、ラップなど、どこのおうちにもありそうなものは入っていません。

Point

その料理のせいこうのカギとなるポイントです。しっかり読んで実行しましょう。

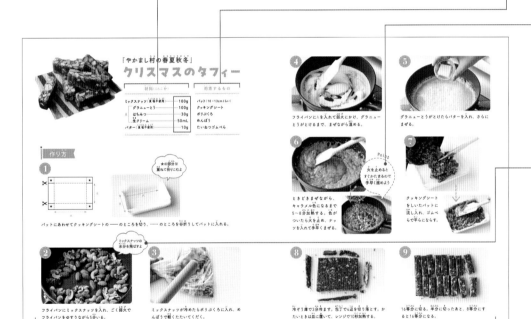

『やかまし村の春夏秋冬』
クリスマスのタフィー

材料(ぶんりょう)		用意するもの
ミックスナッツ〔食塩不使用〕	100g	バット(10～13cmくらい)
グラニューとう	100g	クッキングシート
A はちみつ	30g	ポリぶくろ
生クリーム	50mL	めんぼう
バター〔食塩不使用〕	10g	たいねつゴムべら

作り方

❶ ★の部分は重ねて折りこむよ
バットにあわせてクッキングシートの――のところを切り、……のところを谷折りしてバットに入れる。

❷ ミックスナッツの水分を飛ばすよ
フライパンにミックスナッツを入れ、ごく弱火でフライパンをゆすりながら5分いる。

❸ ミックスナッツが冷めたらポリぶくろに入れ、めんぼうで軽くたたいてくだく。

❹ フライパンにⒶを入れて弱火にかけ、グラニューとうがとけるまで、まぜながら温める。

❺ グラニューとうがとけたらバターを入れ、さらにまぜる。

❻ 火を止めるとすぐかたまるので手早く進めよう
ときどきまぜながら、キャラメル色になるまで5～8分加熱する。色がついたら火を止め、ナッツを入れて手早くまぜる。
Point

❼ クッキングシートをしいたバットに流し入れ、ゴムべらで平らにならす。

❽ 冷ぞう庫で3分冷ます。包丁で4辺を切り落とし、かたいときは皿に置いて、レンジで10秒加熱する。

❾ 16等分に切る。半分に切ったあと、8等分にすると16等分になる。

アドバイス

安全のために注意したいことや、上手にできるコツ、見きわめ方などをふき出しで書きました。

作り方

写真で手順をしょうかいしています。順番通りに作りましょう。

じゅんび

料理を始める前に、やっておきたい作業があるときに書かれています。

◎フライパンはフッ素じゅし加工(テフロン)のものを使っています。

◎電子レンジの加熱時間は600Wの場合の目安です。

◎オーブン、オーブントースター、電子レンジは、機種によって加熱具合に差があります。加熱するときはようすを見ながら時間を調節しましょう。

気をつけよう！
火を使うときの注意

◎ガスコンロやIH、オーブンを使うときは、かならず大人がいるときにしましょう。

◎ガスコンロやIHを使っているときには、そばからはなれないようにしましょう。

◎火にかけたなべやフライパン、オーブンの天板はとても熱くなっています。直接手でさわってはいけません。

ノンタンの
たんじょうび

みんなからのサプライズ！
ノンタンクッキーと
たんじょうびケーキ

どんなおはなし？

ノンタンはある日、うさぎさんたちが大きなふくろやバター、たくさんのたまごなどを持ちより、くまさんのおうちに集まるところを見かけます。でも、ノンタンが「みんなで なに するの?」と聞いても、「ないしょ、ないしょ。ノンタンには ないしょ!」と教えてはくれません。

いじわるをされてかなしくなったノンタンは、ひとり、おかの上でいじけてしまいます。するとそこに、コソコソとみんながやってきて……。

どんな料理？

ノンタンのたんじょうびをお祝いするために、みんながないしょで作ったノンタンのクッキーとケーキ。

いじけていたノンタンも、その幸せな景色に、一気に笑顔になりました。

司書の先生から

「ノンタンの本は、小さいときに読んだよ」「なつかしいな!」という人が多いと思います。ノンタンは、いつも元気で明るく、失敗したり、ちょっぴりいじわるしたりもしますが、友だちもたくさんいて、みんなの人気者です。

ノンタンのたんじょうび

キヨノサチコ◉作　［偕成社］

『ノンタンのたんじょうび』

ノンタンクッキー

材料（約8まい分）	用意するもの
はくりき粉 ………………………… 180g	クッキングシート
バター（食塩不使用）……………… 80g	ゴムべら
さとう …………………………… 60g	めんぼう
塩 ……………………………… ひとつまみ	ようじ
牛乳 …………………………… 20mL	
ココアパウダー ………………… 小さじ$\frac{1}{2}$	
ドライフルーツ（かざりつけ用）……… 適量	

じゅんび ▶ ◉ 作りたい顔の形をクッキングシートに
かき写して、はさみで切りぬき、型紙
を作る

作り方

1

> 指でおして
> へこむくらいに
> なれば OK

バターを1cmほどのあつさに切り、たいねつボウルにならべ、やわらかくなるまで電子レンジで30〜40秒加熱する。

2

ゴムべらでバターをつぶし、クリームじょうになるまでまぜる。さとう、塩を入れ、クリームじょうになるまでしっかりまぜる。

③

はくりき粉をざるに入れ、ゴムべらを使って❷にふるい入れ、切るようにまぜる。

④

$\frac{1}{5}$量を
2つにわける

牛乳を入れてゴムべらでまぜ、粉っぽさがなくなったら、生地を5等分にわける。生地の$\frac{1}{5}$量をとりだし、さらに2つにわける。

⑤

ココアパウダーの
量で色を
変えているよ

わけた生地のひとつに、ココアパウダーをひとつまみ入れてまぜる。もうひとつの生地には残りのココアパウダーを入れてまぜる。残りの$\frac{4}{5}$量の生地はひとまとめにする。それぞれラップで包み、冷ぞう庫で1時間ねかせる。

⑥

20×20cm
くらいになるよ

生地を冷ぞう庫からとりだし、ココアパウダーを入れていない生地のラップをひと回り大きく包み直す。ラップの上からめんぼうで4mmほどのあつさにのばす。オーブンを180度に予熱する。

⑦

ふちを
ギザギザした
形にするよ

ラップを開き、生地にクッキングシートの型紙をのせ、ようじでなぞって切りぬく。生地が温まらないよう手早く、指で形を整える。あまった生地をひもじょうにのばし、ケーキ用の文字を作る。

⑧

クッキングシートをしいた天板に生地をのせ、ココア生地やドライフルーツで顔を作る。180度のオーブンで10〜12分焼く。とちゅう、ケーキ用の文字など小さなものは5分くらいでとりだす。

『ノンタンのたんじょうび』

たんじょうびケーキ

材料(1こ分)

市販のスポンジケーキ(直径18cm) ……1こ

A ┌ 生クリーム ……………………… 200mL
　├ さとう …………………………… 大さじ1
　└ バニラエッセンス ……………… 1〜2てき

B ┌ オレンジジュース ……………… 100mL
　└ さとう …………………………… 大さじ1

いちご ………………………………… 22こくらい

8〜9ページで作ったクッキー

用意するもの

氷水

ステンレスのボウル

あわだて器

ようじ(7本)

たいねつゴムべら

はけ

作り方

1

氷水を入れた容器にステンレスのボウルを重ね、Aを入れる。

2

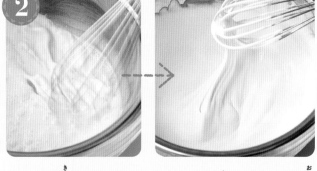

あわだて器であわだてる。すくいあげたときとろりと落ちてあとが残るくらいまであわだて、氷水にあてておく。

3

いちごのへたを切り落とす。ケーキの間にはさむ分(10こ)はさらにたて半分に切る。

4

高さを確認しながら、ぐるりと1周さすよ

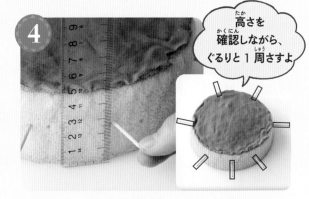

スポンジケーキを横半分にまっすぐ切れるように、高さの半分のところに目じるし用のようじをさす。ぐるりと1周、6〜7か所にさす。

⑤

ようじの上を通るように包
丁を入れて、スポンジ
ケーキを横半分に切る。
切り口が上になるようにな
らべておく。

⑥

Bを小なべに入れ、中火
にかけ、たいねつゴムベ
らでまぜながら半量くらい
になるまで、5分ほどにつ
めてシロップを作る。

⑦

> シロップを
> ぬると生地が
> しっとりするよ

⑥のシロップを、スポン
ジケーキの切り口の面に
はけでぬり、しみこませる。

⑧

> いちごはすきまが
> できないように
> ならべるといいね

下のだんのスポンジケーキの切り口の面に、②のホイッ
プクリームの半量をぬる。③のいちごを、切り口を下に
してクリームの上にならべる。

⑨

上のだんのスポンジケーキを切り口を下にして重ね、上の面
に残りの⑥をぬり、その上にホイップクリームをぬる。

⑩

残りのいちごとクッキーをかざる。

「海のものと山のもの」で いろどられた トットちゃんのお弁当

どんなおはなし？

『窓ぎわのトットちゃん』は、俳優・ユニセフ親善大使の黒柳徹子さんが自身の子ども時代をえがいたおはなしです。

トットちゃんは、好き心おうせいな女の子。その強すぎる好き心のせいで「学校では手に負えない」と、小学1年生で学校を退学になってしまいます。その後、トットちゃんは、子どもたちのこせいをのばす、ユニークな教育を行うトモエ学園で、友だちとのびのび成長していきます。

どんな料理？

トモエ学園でのお弁当の約束は、おかずに「海のものと山のもの」を入れてもらうこと。海のものは、海でとれる魚やのりなどのつくだに、山のものは、山でとれる野菜やお肉のことです。

トットちゃんのお母さんが持たせてくれたお弁当には、青々としたグリンピースやピンクのたらこやでんぶが入っていて、まるでお花畑のようでした。

司書の先生から

『窓ぎわのトットちゃん』は、2023年にアニメーションで映画化され、続編となる『続窓ぎわのトットちゃん』も出版されています。トットちゃんの通った「トモエ学園」は、第二次世界大戦が終わる少し前まで本当にあった学校です。

窓ぎわのトットちゃん

黒柳徹子◉著

いわさきちひろ◉絵　[講談社 青い鳥文庫]

トットちゃんのお弁当

用意するもの

キッチンペーパー
たいねつゴムべら
お弁当箱

材料(1人分)

ごはん	茶わん1ぱい分	たらこ	20g
冷とうグリンピース	大さじ1と$\frac{1}{2}$	サラダ油	小さじ1
塩	2つまみ	酒	小さじ1
たまご	1こ	さくらでんぶ	大さじ2
A みりん	小さじ1		
塩	ひとつまみ		
しょうゆ	小さじ$\frac{1}{2}$		

作り方

1

冷とうグリンピースをたいねつ容器に入れ、塩をふる。

2

ふんわりとラップをかけ、やわらかくなるまで電子レンジで30秒～1分加熱する。

3

ボウルにたまごを入れてときほぐし、Aを入れ、よくまぜる。

4

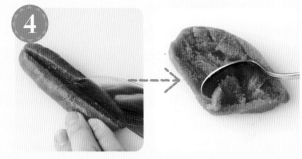

たらこのうす皮を包丁で切って開き、中身をスプーンでかきだす。

フライパンにサラダ油をひいて弱火にかけ、❸を入れる。

さいばしでかきまぜながらいため、いりたまごにする。

Point
さいばしを
左右に速く
動かすとこまかな
いりたまごに
なるよ

いりたまごをとりだし、フライパンをキッチンペーパーでふく。

フライパンにたらこを入れ、酒をかけてまぜる。色が変わるまで弱火で、ほぐしながらいる。

お弁当箱全体にごはんをつめる。

いりたらこ、いりたまご、グリンピース、さくらでんぶをもりつける。

お花畑みたいに
見えるように
もりつけてね

15

まじょ子と ハロウィンの まほう

ハロウィンの国で出た パーティーのごちそう！
カボチャごはんとケーキ

どんなおはなし？

今日はハロウィン。ハロウィン行事で魔女のかっこうをしていたユイカちゃんは、同じく魔女のすがたをした女の子と出会います。その女の子はなんと、本物の魔女、"まじょ子"だったのです！

すぐになかよしになったふたりは、魔法のとんがりばをつけてドラキュラにへんそう。そして、まじょ子が持っていた「ハロウィンのまほうがかかる」とかかれたチラシを手に、ルンルン気分でハロウィンの国へと向かいます。でもその魔法とは、元のすがたにもどれなくなるものだったのです！

どんな料理？

ハロウィンの国のおばけカボチャ王が開いたハロウィン・パーティーで出された、カボチャごはんとケーキ。

おなかがペコペコなふたりは、そのごちそうをとてもよろこびました。

といたら、いっしょに ハロウィン・パーティーを しよう。ごちそうがいっぱいだぞ」

「うわあ、うれしい！」

だって、おなかがペコペコだったから。ほっとしたら

カボチャのケーキにパンプキンパパイ、カボチャのタルトに カボチャの天ぷら、カボチャごはん……パーティーりょうりがならびます。

おいしそうな においで いっぱい！

いろんなゲームも しました。

ドラキュラや ミイラ男の ふくわらい、

スイカの……

♪ おおきい 大きい カボチャの おどります

♪ カボチャの チャンチャン

♪ カボチャの チャチャチャ

おばけカボチャの 王さま サンバ ♪

司書の 先生から

「まじょ子」のシリーズは、これまでに60巻も出版され、長い間親しまれています。ゆかいなまじょ子のイラストが好きで、本を手にする人もいると思います。かわいいけれど、いたずらが好きなまじょ子の活やくが毎回楽しみです。

まじょ子とハロウィンの まほう

藤 真知子●作
ゆーちみえこ●絵
[ポプラ社]

『まじょ子とハロウィンのまほう』
カボチャごはん

材料(2人分)		用意するもの
米	1合(150g)	キッチンペーパー
酒	小さじ1	ラッピングタイ
水	200mLくらい	黒いシールか
塩	小さじ1	黒マジックペン
こしょう	少々	
マッシュルーム	3こ	
玉ねぎ	30g	
かぼちゃ	50g	
ベーコン	1まい	
バター	5g	

作り方

① 米をとぎ、ざるにあげて水気をきる。炊飯器のかまに入れたら、酒を加える。

② 1合の目安量(200mLくらい)まで水を入れる。塩、こしょうを入れてひとまぜする。

> 切るときは
> マッシュルームの
> かさを下にすると
> 安定するよ

③ マッシュルームの表面についたよごれをキッチンペーパーで落とす。石づきを切り落として、4つ割りにする。

④

玉ねぎとかぼちゃを1cm角に切る。

⑤

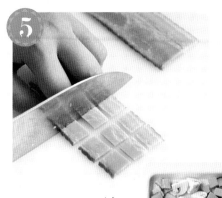

ベーコンを1cm角に切る。

⑥

具は上に
のせればOK
まぜないで！

②の米の上に、切ったマッシュルーム、野菜、ベーコン、バターをのせ、炊飯器の「ふつう」でたく。

⑦

たきあがったら炊飯器のふたをあけ、しゃもじで全体をさっくりとまぜる。

⑧

だいたい
8～10こ
作れるよ

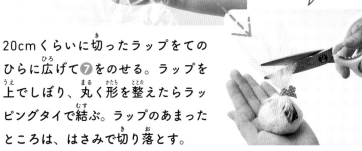

20cmくらいに切ったラップをてのひらに広げて⑦をのせる。ラップを上でしぼり、丸く形を整えたらラッピングタイで結ぶ。ラップのあまったところは、はさみで切り落とす。

⑨

黒い
マジックペンで
かいてもOK

黒いシールをはさみで切って顔をかく。

『まじょ子とハロウィンのまほう』
カボチャケーキ

材料（1こ分）	
かぼちゃ	$\frac{1}{8}$こ（210g）
バター	30g
さとう	80g
生クリーム	50mL
ときたまご	1こ分
はくりき粉	180g
ベーキングパウダー	小さじ2
好みでホイップクリーム	適量
好みでミントの葉	適量

用意するもの

ケーキ型（直径15cm）
クッキングシート
ゴムべら

じゅんび ▶ ◎オーブンを170度に
予熱する

作り方

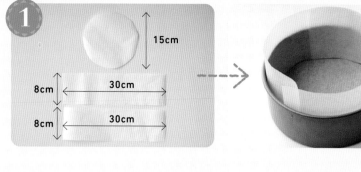

1

15cm

8cm　30cm

8cm　30cm

型にあわせてクッキングシートを切り、底と側面にしく。

2

かぼちゃをラップで包み、たいねつ容器に入れて電子レンジで4〜5分、中心がやわらかくなるまで加熱する。

3

スプーンやフォークを使ってつぶしてもOK

かぼちゃが熱いうちに、ゴムべらでつぶす。

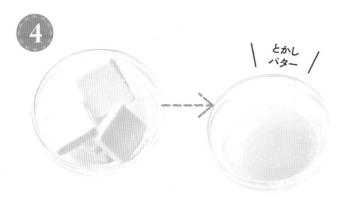

④ バターをたいねつ容器に入れてラップをかけ、電子レンジで40〜50秒加熱し、とかしバターを作る。

⑤ ❸のボウルにとかしバター、さとう、生クリーム、ときたまごを入れる。

⑥ ゴムべらでまぜあわせる。

⑦ はくりき粉とベーキングパウダーをまぜあわせてからざるに入れ、ゴムべらを使ってふるい入れる。

⑧ 粉っぽさがなくなるまで、ゴムべらでまぜる。

⑨ 型に流し入れて平らにならし、170度のオーブンで20分焼く。食べるときに、ホイップクリームやミントの葉をそえても。

ピクニックに欠かせない！
野うさぎさんの
ランチボックス

どんなおはなし？

　パティシエの野うさぎさんは、近ごろ元気がありません。くろくまシェフからレストランをまかせられたのに、料理のうでに自信がなく、お店をお休みにしたままだからです。

　でも今日は、森のなかまたちでピクニックに行くので、朝早くからサンドイッチ作りにはげんでいます。おいしそうなサンドイッチができあがると、野うさぎさんは最後にぱらぱらと何かをふりかけます。それは、野うさぎさんが野原で集めた、まほうのエッセンスでした。

どんな料理？

フルーツサンドのであずが、野うさぎさんは、できあがったサンドイッチをランチボックスにつめこんでいきます。ていねいに、順にならべていきます。四角い箱の色は、赤、黄色、青、ベージュ、きんどり、オレンジ、むらさき。花もようのついた箱もある

　野うさぎさんがピクニックのために作った、アボカドやたまご、フルーツのサンドイッチ。色とりどりのもようがついたランチボックスにつめこみました。

　まほうのエッセンスが、おいしさのひみつです。

司書の先生から

　こんなにおいしそうなサンドイッチを作ることができる野うさぎさんですが、うでに自信がないようです。野うさぎさんが自分にしかできない料理を見つけられるように、本を読みながらいっしょにおうえんしましょう。

野うさぎレストランへ
ようこそ

小手鞠るい◉作
土田義晴◉絵
［金の星社］

『野うさぎレストランへようこそ』
野うさぎさんのランチボックス
～たまごサンドとやさいサンド～

材料（各3こ分）

たまごサンド		やさいサンド	
ゆでたまご	1こ	きゅうり	$\frac{1}{2}$本
スライスチーズ	1と$\frac{1}{2}$まい	塩、こしょう	各少々
トマト	小1こ	す	小さじ1
きゅうり	$\frac{1}{2}$本	アボカド	$\frac{1}{2}$こ
塩、こしょう	各少々	レタスの葉	1まい
す	小さじ2	クロワッサン	3こ
ロールパン	3こ	つぶマスタード	小さじ2
マヨネーズ	大さじ2	マヨネーズ	大さじ2

用意するもの

ゆでたまごカッター
（なければ包丁か糸で切る）

キッチンペーパー

作り方

1 たまごサンドを作る。ゆでたまごは、ゆでたまごカッターで輪切りにする。カッターがないときは包丁で切るか、糸を回して切る。

2 トマトは輪切りにする。きゅうりは長さを半分に切り、たてにうすく切る。スライスチーズは1まいを半分に切る。

3 トマト、きゅうりをならべ、塩、こしょう、すをふって15分なじませる。

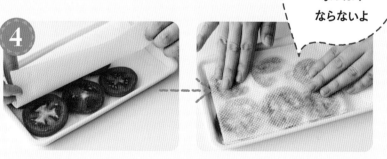

4 トマトときゅうりをそれぞれキッチンペーパーの上にならべ、キッチンペーパーをのせて上からおさえ、水分をすわせる。

Point
こうすると少し時間がたっても水っぽくならないよ

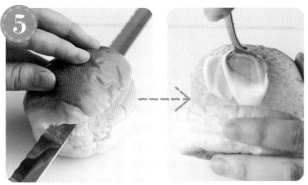

⑤ ロールパンに横に切り目を入れる。切り口の上の面にマヨネーズをぬる。

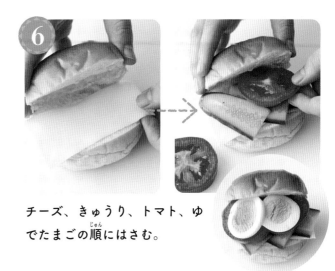

⑥ チーズ、きゅうり、トマト、ゆでたまごの順にはさむ。

⑦ やさいサンドを作る。きゅうりは長さを半分に切り、たてにうすく切る。バットにならべ、塩、こしょう、すをふって15分なじませる。

⑧ きゅうりをキッチンペーパーの上にならべ、キッチンペーパーをのせて上からおさえ、水分をすわせる。

⑨ レタスは冷水にさらして水気をきり、食べやすい大きさにちぎる。

⑩ アボカドは5〜8mmくらいのあつさに切る。

⑪ クロワッサンにたてに切り目を入れる。切り口につぶマスタードとマヨネーズをぬる。レタス、アボカド、きゅうりの順にはさむ。

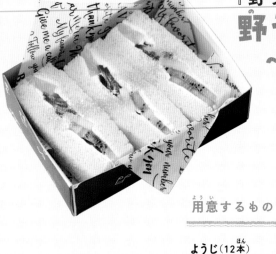

『野うさぎレストランへようこそ』
野うさぎさんのランチボックス
～まほうのフルーツサンド～

材料（2人分）

フルーツサンド

食パン（8まい切り）	4まい
いちご	2こ
キウイ	$\frac{1}{2}$こ
バナナ	$\frac{1}{2}$本
パイナップル（かんづめ）	2まい
ホイップクリーム	200mL
ジュエリーシュガー	少々

（100円ショップなどで売っている色つきのさとう）

用意するもの

ようじ（12本）

作り方

1

いちご、キウイ、バナナは6mmくらいのあつさに切る。パイナップルは半分に切る。

> **Point**
> 重ねるように
> ならべると、
> どこで切っても
> 切り口にフルーツが
> 見えるよ

2

ラップをしき、食パンを2まいのせてホイップクリームを$\frac{1}{4}$量ずつぬる。

3

長い辺

1まいの食パンの上に、❶で切ったフルーツの半分の量を少しずつ重ねながらならべる。写真のように、長い辺にそってたてに同じフルーツをならべると切り口がきれいになる。

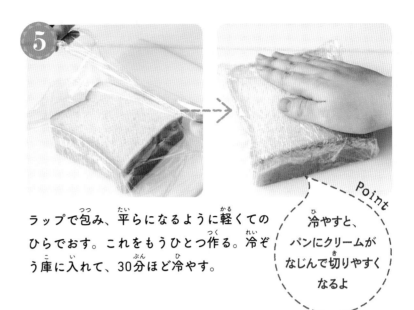

4 もう1まいの食パンを、クリームをぬった面を下にしてのせる。

5 ラップで包み、平らになるように軽くてのひらでおす。これをもうひとつ作る。冷ぞう庫に入れて、30分ほど冷やす。

Point
冷やすと、パンにクリームがなじんで切りやすくなるよ

長い辺

長い辺と平行に
3本ならべて
さすよ

6 ラップをはずしてまな板の上にのせ、食パンがずれないようにようじを6本さす。

7 食パンの耳を切り落とす。

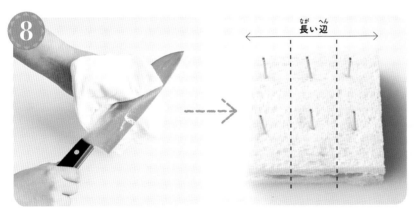

長い辺

8 ぬれぶきんで包丁をふいてから、長い辺を3等分するように切る。1回切るごとに包丁をぬれぶきんでふくと切り口がきれいになる。

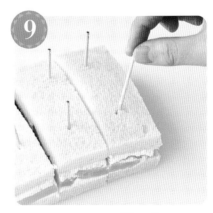

9 ようじをはずす。箱に入れて、ジュエリーシュガーをかける。

やかまし村の
春夏秋冬

子どもたちが作った
クリスマスのタフィーと
シナモンクッキー

どんなおはなし?

やかまし村は、スウェーデンにある小さな村です。この村の6人の子どもたち、ラッセ、ボッセ、リーサ、ウッレ、ブリッタ、アンナは、みんな大のなかよし。今日も元気いっぱいに、大自然の中をかけ回ります。

そして、季節は冬。クリスマスのじゅんびが始まったやかまし村では、シナモンクッキーを焼いたり、森へクリスマスツリーの木を切りに行ったりと、子どもたちも大いそがしです。さて、今年はどんな楽しいクリスマスになるのでしょうか。

どんな料理?

やかまし村ではシナモンクッキーを焼く日から、クリスマスが始まります。ブタの型ぬきを使ったシナモンクッキーと、キャラメルのようにあまいタフィーは、村のクリスマスに欠かせないおかしです。

司書の先生から

「やかまし村の子どもたち」のシリーズは、3巻あります。作者のリンドグレーンさんは、「やかまし村の子どもたち」「長くつ下のピッピ」「名探偵カッレ」のシリーズなど、世界中の人々に読まれている作品をたくさん出版しています。

やかまし村の春夏秋冬

アストリッド・リンドグレーン◉作
イングリッド・ヴァン・ニイマン◉絵
石井登志子◉訳
[岩波書店]

『やかまし村の春夏秋冬』

クリスマスのタフィー

材料(16こ分)	用意するもの
ミックスナッツ(食塩不使用)‥‥‥‥‥100g	バット(10×13cmくらい)
A ┌ グラニューとう‥‥‥‥‥‥‥‥‥100g	クッキングシート
├ はちみつ‥‥‥‥‥‥‥‥‥‥‥‥30g	ポリぶくろ
└ 生クリーム‥‥‥‥‥‥‥‥‥‥50mL	めんぼう
バター(食塩不使用)‥‥‥‥‥‥‥‥10g	たいねつゴムべら

作り方

1

★の部分は
重ねて折りこむよ

バットにあわせてクッキングシートの ── のところを切り、------ のところを谷折りしてバットに入れる。

2

ミックスナッツの
水分を飛ばすよ

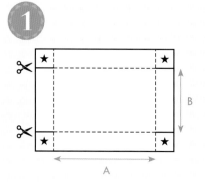

フライパンにミックスナッツを入れ、ごく弱火で
フライパンをゆすりながら5分いる。

3

ミックスナッツが冷めたらポリぶくろに入れ、め
んぼうで軽くたたいてくだく。

④ フライパンにAを入れて弱火にかけ、グラニューとうがとけるまで、まぜながら温める。

⑤ グラニューとうがとけたらバターを入れ、さらにまぜる。

Point

火を止めるとすぐかたまるので手早く進めよう

⑥ ときどきまぜながら、キャラメル色になるまで5～8分加熱する。色がついたら火を止め、ナッツを入れて手早くまぜる。

⑦ クッキングシートをしいたバットに流し入れ、ゴムべらで平らにならす。

⑧ 冷ぞう庫で3分冷ます。包丁で4辺を切り落とす。かたいときは皿に置いて、レンジで10秒加熱する。

⑨ 16等分に切る。半分に切ったあと、8等分にすると16等分になる。

『やかまし村の春夏秋冬』
シナモンクッキー

材料（約20まい分）

はくりき粉	250g
ベーキングパウダー	小さじ1
シナモン	小さじ1
バター	50g
さとう	60g
塩	小さじ$\frac{1}{4}$
水	45mL

用意するもの

- ゴムべら
- あわだて器
- めんぼう
- ぶたの形の型
- クッキングシート

作り方

①

バターをたいねつ容器に入れ、ラップをかけて電子レンジで1分15～1分30秒加熱する。

②

ボウルにはくりき粉、ベーキングパウダー、シナモンを入れてまぜる。

③

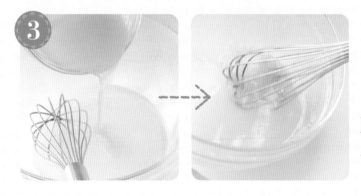

別のボウルにさとう、塩、水を入れてあわだて器でまぜる。❶を少しずつ加えてまぜあわせる。

④

❷をざるに入れ、ゴムべら
を使ってふるいながら、❸
に入れる。粉っぽさがなく
なるまでまぜる。

⑤

生地をまとめてラップにの
せ、ラップの形が四角くな
るように包む。てのひらで
おして平らにする。

⑥

16×16cm
くらいにするよ

ラップの形にあわせてめん
ぼうで四角くのばす。

⑦

22×22cm
くらいになるよ

冷ぞう庫で30分ほどねかせたあと、ラップ
をひと回り大きく包み直す。ラップの上から
めんぼうで4mmほどのあつさにのばす。
オーブンを160度に予熱する。

⑧

とちゅうで
やわらかくなったら
冷ぞう庫で冷やすと
いいよ

ラップを開き、型でぬく。生
地がつかないように、1回ず
つ、型にはくりき粉（分量
外）をつけてからぬく。

⑨

クッキングシートをしいた天板に❽をならべ、160
度のオーブンで焼き色がつくまで15分ほど焼く。

33

こんとあき

ぼうけんの旅で食べた こんとあきの
あげどん弁当

どんなおはなし？

　こんは、あきのおばあちゃんが作ったキツネのぬいぐるみ。あきが生まれたときから、ふたりはいつもいっしょです。でも、あきが成長するにつれてこんは古くなり、ついにうでがほころびてしまいました。

　あきは、こんを治してもらうために、こんといっしょにおばあちゃんの家に向かいます。しかしその道中、いろいろな大変な目にあうふたり。こんとあきは、無事におばあちゃんの家にたどりつけるのでしょうか？

どんな料理？

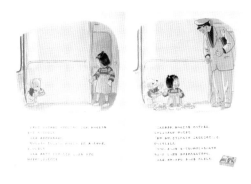

　駅のホームでこんが買ってきてくれた、ごはんの上にあまくにたおあげとたまごがのった「あげどん弁当」。

　しっとりとあまいおあげの味が、長旅中のこんとあきを安心させてくれます。

こんとあき
林 明子●作　［福音館書店］

こんとあき
林明子さく

司書の
先生から

　林明子さんは、たくさんの絵本をかいている作家さんです。林明子さんの絵本には、作家の遊び心で、人やかんばんなどがかくれてえがかれていることがあります。よく絵を見ていると見つけることができます。探してみてください。

『こんとあき』
あげどん弁当

材料(2人分)

油あげ	2まい	ときたまご	1こ分
さやえんどう	3まい	ごはん	茶わん2はい分
塩	少々	たくあん	8まい
A	だし	200mL	プリン	2こ
	さとう	大さじ1	きざみのり	適量
	塩	ひとつまみ		
	しょうゆ	小さじ1		

用意するもの

お弁当箱
おかずカップや仕切り板
あればタレビン

＊だしは、だしのもとで作ったものを用意します。
＊プリンは、市販品かプリンのもとで作ったものを用意します。

じゅんび ▶ ○お弁当箱におかずカップや仕切り板を入れておく
※お弁当箱は、いつも使っているものや、フードパックなどを使っても。

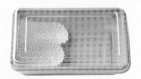

作り方

1

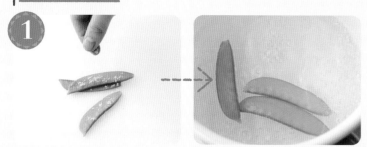

さやえんどうに塩をまぶす。小なべに水を200mLほど入れて強火にかけ、ふっとうしたらさやえんどうを入れ、2〜3分ゆでる。

2

さやえんどうは、ななめ半分に切る。

3

油あげは、半分に切ってから1cmはばに切る。

4

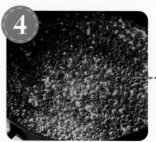

フライパンにAを入れて中火にかけ、にたたせる。
油あげを入れ、3分にる。

⑤

さいばしの先に
伝わせながら
円をえがくようにして
入れるよ

ふっとうしているところに、ときたまごを全体に回す
ように流し入れる。

⑥

ふたをして弱火にし、たまごに火が通ったら
火を止める。

⑦

お弁当箱にごはんをつめる。その上に、しる気をきっ
た⑥をのせ、さやえんどうを散らす。

⑧

たくあんとプリンをつめる。ごはんの上の具にき
ざみのりをかける。

プリンのもとを使ったプリンの作り方

商品によって、作り方はちがうので、箱などに書
かれたレシピをよく読んでから作りましょう。
ここでは一例をしょうかいします。

もとについているカラメルを
タレビンに入れてつめると
売っているお弁当みたい！

①

なべに牛乳50mLとプリンのも
と3gを入れ、まぜる。

②

中火にかけて、かきまぜる。
ふっとうしたら、弱火で1分にる。

③

お弁当箱の
高さにあわせて
量を決めてね

プリンカップに流し入れる。あ
ら熱がとれたら、冷ぞう庫で1
時間以上冷やしかためる。

パーティーのおもてなし

がんばって作った料理やおかしを、さらにおいしく見せるための
パーティーテーブルの整え方や、おいしいお茶のいれ方をしょうかいします。
心をこめて、家族や友だちをもてなしましょう。

その1 席を1人分ずつ用意する

人数分のランチョンマットや食器をそ
ろえて名札をならべ、テーブルにそ
れぞれの席を用意しましょう。青色の
ランチョンマットなら青色の色画用紙
で名札を作るなど、テーマカラーを
決めておくと、すてきなセッティング
ができますよ。

こんなものを用意しよう

- ランチョンマット
- 名札
- 紙皿
- はし
- 紙コップ
- スプーンやフォーク

その2 小物をかざりつける

かわいい小物をそろえて気分をもりあげましょう。
かんたんなひと工夫で、テーブルがにぎやかになります。

紙皿

色やもよう、大きさ
のちがう紙皿を2ま
い重ねてセット。ふ
ちを花の形などに
切るとかわいい。

①

大きいほうの紙
皿をうら返し、ふ
ちの形をかく。

②

線にそって切る。表
に返しもう1まいの
紙皿を上に重ねる。

ピック（ようじ）

紙やシール、紙
ねんどでピックや
ようじをかざって
こせい的に。

①

紙をひし形に切
る。紙のうら半
分にのりをぬる。

②

紙の中心にようじ
を置き、紙を折って
はりあわせる。

カトラリーケース

正方形の紙ナプキンを折っ
て、スプーンやフォークを
入れるケースに。

①

4つ折りの紙ナプキ
ンをななめに置く。

②

上半分を下へ、少
しずらして折る。

③

うら返し、中央にあわ
せて左右を折る。

④

うら返し、形を整え
る。

おいしいお茶をいれる

お茶のいれ方を覚えて、パーティーでふるまいましょう。紅茶はふっとうさせてすぐの湯、日本茶は少し冷ました湯を使うと、かおりのよいおいしいお茶がいれられます。

紅茶のいれ方

材料（2人分）

茶葉 ………… 6g
湯 ……… 200mL

用意するもの

ティーポット
（茶こしつきのもの）
ティーカップ

1. 分量より1ぱい分くらい多い量の水をやかんに入れ、ふっとうさせる。ふっとうした湯を1ぱい分くらいティーポットに入れてポットを温める。湯をすて、茶葉を入れる。

2. もういちどやかんを火にかけて、湯をふっとうさせたらティーポットに入れ、すぐにふたをする。

3. 2分間そのままおいてむらす。むらしすぎると、味がしぶくなるので注意。

4. 人数分のティーカップに、少しずつそそぐ。こうごに、2〜3回にわけて注ぐと、こさがいっしょになる。

日本茶のいれ方

材料（2人分）

茶葉 ………… 4g
湯 ……… 200mL

用意するもの

きゅうす（茶こしつきのもの）
湯のみ茶わん

湯をうつしかえると5〜10度くらい下がるよ

ふっとうしたての100度くらいの湯を、やかんから湯のみ茶わんなどのべつのようきに注ぐと、温度が5〜10度くらい下がる。うつしかえるごとに、さらに5〜10度くらい下がる。

1. 分量より少し多い量の水をやかんに入れ、ふっとうさせる。きゅうすに茶葉を入れる。

2. 湯を少し冷ましてから（70度くらい）きゅうすに入れ、すぐにふたをする。

3. 1〜2分間そのままおいてむらす。むらしすぎると、味がしぶくなるので注意。

4. 人数分の湯のみ茶わんに、少しずつ注ぐ。こうごに、2〜3回にわけて注ぐと、こさがいっしょになる。

監修

金澤磨樹子 （かなざわ まきこ）　東京学芸大学附属世田谷小学校 司書

岩手大学教育学部卒業。小学校教員、三鷹市での小学校図書館の司書を経て現職に。科学読物研究会会員。日本子どもの本研究会会員。学校図書館問題研究会会員。日野おはなしの会会員。共著に『先生と司書が選んだ調べるための本　小学校社会科で活用できる学校図書館コレクション』『りかぼん　授業で使える理科の本』『学校司書おすすめ！小学校学年別知識読みもの240』（すべて少年写真新聞社）がある。

今 里衣 （こん さとえ）　東京学芸大学附属世田谷小学校 栄養教諭

日々の子どもたちとの関わりを通して献立作成・食育授業を行う。子どもたちが楽しみながら学べる給食づくりを大切にしている。初任地は東日本大震災後の宮城県。給食に関わり支える人たちのひたむきな姿を目の当たりにし、学校給食の背景を知る。生産者への訪問など「人」とつながることで社会のあり方についても関心を深め、社会デザイン学（修士号）を取得。学校給食の持つ可能性を広げていく。監修に『まかせてね　今日の献立（全3巻）』（汐文社）がある。

レシピ考案…………………今 里衣、ダンノマリコ
料理作成・スタイリング…………ダンノマリコ

写真…………………………キッチンミノル
キャラクターイラスト……………オヲツニワ
イラスト……………………ゼリービーンズ
デザイン……………………小沼早苗（Gibbon）
DTP…………………………有限会社ゼスト
校正…………………………齋藤のぞみ
編集…………………………株式会社スリーシーズン（奈田和子、渡邉光里、藤木菜生）

★協力
偕成社、講談社、金の星社、岩波書店、福音館書店

★撮影協力
UTUWA（電話03-6447-0070）、恩田美樹子（ぬいぐるみ製作）

物語からうまれたおいしいレシピ
⑤ わくわくパーティーとほっこりお弁当

発行…………………………2024年4月　第1刷

監修…………………………金澤磨樹子　今 里衣
発行者………………………加藤裕樹
編集…………………………小林真理菜
発行所………………………株式会社ポプラ社
　　　　　　　　　　　　　　〒141-8210　東京都品川区西五反田3-5-8
　　　　　　　　　　　　　　JR目黒MARCビル12階
　　　　　　　　　　　　　　ホームページ　www.poplar.co.jp（ポプラ社）
　　　　　　　　　　　　　　kodomottolab.poplar.co.jp（こどもっとラボ）
印刷・製本…………………今井印刷株式会社

ISBN978-4-591-18099-0　N.D.C.596　39p　27cm
© POPLAR Publishing Co., Ltd.2024　Printed in Japan

物語からうまれた
おいしいレシピ 全5巻

［監修］

東京学芸大学附属世田谷小学校 司書　金澤 磨樹子
東京学芸大学附属世田谷小学校 栄養教諭　今 里衣

小学校中〜高学年向き
N.D.C.596　AB判　オールカラー
各巻39ページ

図書館用特別堅牢製本図書